Erinnerungswert

Wie wird über Sie eigentlich gesprochen – eher allgemein und sachlich („Ach, das ist der, der macht irgendwie IT, nein, Projekte. So genau weiß ich das nicht...“), oder bildlich und mit Vergleichen („Das ist die Feuerwehr für Unternehmen in Not. Der hat im letzten Jahr drei Unternehmen vor der Insolvenz gerettet“)?

Wer bei Kunden in Erinnerung bleiben will, muss ihnen Stoff dazu liefern. Aber wie?

Erinnerungswert

- Dienstleistungen oder komplexe Produkte lassen sich in Bilder oder extravagante Vergleiche einbetten. Testen Sie die Reaktionen Ihrer Zuhörer!
- Werden Sie unverwechselbar in Kleidung, Auftreten, Sprache. Legen Sie sich ein paar „Tics“ zu, mit denen Sie Sympathien sammeln: Fahren Sie zum Beispiel im perfekt gepflegten Oldtimer vor statt in der Einheitslimousine (Sympathieträger).
- Vermeiden Sie es, zu viel Marketingsprache zu benutzen. Reden Sie unverkrampft, direkt und ohne einschüchterndes Vokabular. Für viele Kunden eine Erholung!
- Lernen Sie es, zu warten. Trainieren Sie sich Aufdringlichkeit ab. Lassen Sie Kunden auch mal zu Ihnen kommen.

Erinnerungswert

Wie wird über Sie eigentlich gesprochen – eher allgemein und sachlich („Ach, das ist der, der macht irgendwie IT, nein, Projekte. So genau weiß ich das nicht…"), oder bildlich und mit Vergleichen („Das ist die Feuerwehr für Unternehmen in Not. Der hat im letzten Jahr drei Unternehmen vor der Insolvenz gerettet")?

Wer bei Kunden in Erinnerung bleiben will, muss ihnen Stoff dazu liefern. Aber wie?

Erinnerungswert

- Dienstleistungen oder komplexe Produkte lassen sich in Bilder oder extravagante Vergleiche einbetten. Testen Sie die Reaktionen Ihrer Zuhörer!
- Werden Sie unverwechselbar in Kleidung, Auftreten, Sprache. Legen Sie sich ein paar „Tics" zu, mit denen Sie Sympathien sammeln: Fahren Sie zum Beispiel im perfekt gepflegten Oldtimer vor statt in der Einheitslimousine (Sympathieträger).
- Vermeiden Sie es, zu viel Marketingsprache zu benutzen. Reden Sie unverkrampft, direkt und ohne einschüchterndes Vokabular. Für viele Kunden eine Erholung!
- Lernen Sie es, zu warten. Trainieren Sie sich Aufdringlichkeit ab. Lassen Sie Kunden auch mal zu Ihnen kommen.

Die Technikfalle

Sind Sie ein Technikfreak oder Tüftler? Lieben Sie die vielen Features Ihrer Produkte? Vorsicht: Für einen schnellen Elevator Pitch sind technische Details eher ungeeignet! Viele Dienstleister machen den Fehler, Kunden mit technischen Details und Fachchinesisch zu langweilen. Bedenken Sie: Entscheider (Geschäftsführer, kaufmännische Leiter, Einkäufer) haben oft wenig Fachkenntnisse. Wie bringen Sie Ihr Angebot an den Mann, ohne in die Technikfalle zu tappen?

Die Technikfalle

- Überlegen Sie sich, was Ihr Gesprächspartner über Ihr Produkt schon wissen könnte. Legen Sie die Latte dabei bewusst niedrig an.
- Machen Sie komplexe Produkte einfach. Sprechen Sie in klarer Sprache.
- Finden Sie Analogien oder Vergleiche, mit denen klar wird, was Ihr Angebot auszeichnet und welche Ergebnisse es für den Kunden verspricht.
- Oft hilft der Oma-Test: Sogar Ihre Großmutter sollte die Grundzüge Ihres Konzeptes verstehen können!
- Details und Hintergründe vermitteln Sie Ihrem Kunden gut aufbereitet in Prospekten oder bei einem persönlichen Gespräch.

Malen mit der Sprache

Der Himmel ist azurblau, die Sonne lacht, und Sie fahren in einem roten Edelcabrio auf kurvigen Straßen um den Gardasee. Da sehen Sie am Straßenrand ein idyllisch gelegenes Cafe und legen einen kleinen Stopp ein. Mit Blick auf das glitzernde Wasser schmeckt der Kaffee gleich doppelt so gut. Und wie er duftet!

Und? Waren Sie in Gedanken ein klein wenig mit auf Italienreise? Bei der Beschreibung von schönen Orten fällt das leicht. Aber auch Produkte und Dienstleistungen verkaufen sich besser, wenn wir auf die Kraft der Sprache setzen.

Elevator Pitch

Malen mit der Sprache

Verwenden Sie den Pinsel der Sprache, und malen Sie ein Bild in den Kopf des Kunden.

- „Ich komme gerade von der Firma Y. Die haben die neue Software seit letztem Monat und sind wirklich begeistert. Es gibt einfach viel weniger Stress am Monatsende, und der Papierkrieg mit den Ämtern hat auch aufgehört."
- „Wir hatten letzte Woche einen Profifotografen hier, der hat die Kamera für Reportagen gekauft, wenn es auf ganz wenig Gewicht ankommt. Der klettert ja sogar auf Bäume um wirklich außergewöhnliche Motive zu erhaschen."
- „Ich dürfte Ihnen das nicht sagen, aber viele Ärzte benutzen dieses Produkt privat. Ich meine, die wissen schon, warum."

Ergebnisse genießen

Warum kauft Ihr Kunde? Natürlich nicht, damit Sie zufrieden sind. Er will Ziele erreichen, Probleme lösen, Ergebnisse genießen. Holen Sie ihn mit ins Boot. Machen Sie ihn zum Teil Ihrer Story. Beschreiben Sie die schöne Situation, in der er sich befinden wird, wenn er Ihr Produkt oder Ihre Dienstleistung gekauft hat und die Ergebnisse genießen kann.

Elevator Pitch

Ergebnisse genießen

Im Mittelpunkt steht das positive Ergebnis Ihrer Leistung, Ihres Produkts oder Ihrer Idee. Beschreiben Sie den Ort, die Situation, die Menschen als Teil Ihres Produktes:

- „Das macht wirklich Spaß, mit dieser Maschine zu bügeln, weil es einfach leichter und schneller geht."
- „Sie werden nächtelang mit einem Glas Rotwein vor Ihren neuen Lautsprechern sitzen und einfach nur genießen, dass Ihre CDs plötzlich ganz anders klingen. Dass Sie sich mitten wie im Konzertsaal fühlen. Und das hört auch nicht auf."
- „Mit diesem Fahrrad fühlt man sich plötzlich wie ein Radprofi. Sie schaffen Steigungen, die Sie sich früher gar nicht zugetraut hätten.

Lösungen anbieten

Kunden kaufen, wenn sie für Probleme und Herausforderungen klare Lösungen sehen. Wichtiger Bestandteil des Elevator Pitches ist deshalb das Versprechen einer Lösung:

- „Ich erstelle Ihnen den ganzen Steuerausgleich. Dadurch sparen Sie Zeit und bekommen mehr vom Finanzamt zurück."
- „Ihre Homepage bekommen Sie fix und fertig. Nach einer kurzen Einweisung können Sie alle Änderungen selbst machen und sind nicht von einer teuren Agentur abhängig."

Elevator Pitch

Lösungen anbieten

Welche Lösungen haben Sie, hat Ihr Produkt? Es hängt davon ab, welche Probleme Ihre Zielgruppe hat. Folgende Fragen helfen Ihnen, hier klarer zu sehen:

- Welches Problem des Gesprächspartners wird durch mein Angebot / meine Idee gelöst?
- Welchen speziellen Markt kann ich damit bedienen, was ist meine Zielgruppe und warum? Welche Probleme hat sie?

Wichtig: Im Elevator Pitch selbst reden Sie nie primär über Probleme des Kunden, sondern sprechen vor allem über Lösungen, die Sie haben. Vermeiden Sie das Wort „Problem"! Besser: „Fragestellungen" oder „Was bei Ihnen noch unrund läuft."

Zwei Ebenen

Beim Elevator Pitch müssen Sie immer zwei Ebenen beachten: Die Businessebene und die persönliche Ebene. Was bedeutet das? Und wie werden Sie beiden Ebenen gerecht?

Zwei Ebenen

- Businessebene: Als Unternehmen bieten Sie dem Kunden einen Vorteil oder Nutzen. Das ist der klassische Beweggrund von Geschäften zwischen Firmen. Hier zählen Zahlen, Daten und Fakten.
- Persönliche Ebene: Als Unternehmer oder Verkäufer können Sie Ihrem Partner auch auf zwischenmenschlicher Ebene Gutes tun. Ein Einkäufer z. B. möchte dem Vorgesetzten seinen Einkaufserfolg gut präsentieren. Helfen Sie ihm dabei! Stellen Sie ihm Unterlagen, Informationen oder Präsentationen zur Verfügung, dann kann er Ihre Vorteile besser präsentieren. Überlegen Sie, wie Sie Ihren Gesprächspartner erfolgreicher machen können – und sprechen Sie mit ihm darüber.

Üben und Trainieren

Ein Elevator Pitch ist eine Inszenierung – ein kleines Theaterstück mit Ihnen als Regisseur und Darsteller. Damit die Aufführung perfekt wird, brauchen Sie Vorbereitung und natürlich Proben. Was müssen Sie dabei beachten?

Elevator Pitch

Üben und Trainieren

- Kombinieren Sie emotionale und bildhafte Inhalte mit Sprache, Stimme und Körpersprache zu einer Inszenierung.
- Der Elevator Pitch ist eine Rolle – aber eine, die zu Ihnen passen muss. Sind Sie eher zurückhaltend? Dann bringt es nichts, den extrovertierten Entertainer spielen zu wollen. Stimmen Sie Ihre Pitch-Rolle auf Ihre Persönlichkeit ab.
- An welche Bestandteile Ihres Produkts glauben Sie selbst am meisten? Konzentrieren Sie sich vor allem auf sie!
- Üben Sie Ihren Elevator Pitch zunächst, indem Sie ihn Freunden oder Kollegen vorführen. Wo wirken Sie souverän, wo unsicher? Was wirkt authentisch, was künstlich? Und: Wirken Sie sympathisch?

Selbstsicherheit

Wer einen Elevator Pitch unsicher oder verkrampft vorträgt, wird mit ihm wenig Erfolg haben. Keine Angst – Lampenfieber haben auch berühmte Schauspieler! Wie werden Sie selbstsicherer?

Selbstsicherheit

Nutzen Sie alle Möglichkeiten, Ihren Elevator Pitch übungsweise vorzutragen. Beginnen Sie bei der eigenen Familie und Verwandten – wie ist das Feedback? Beonders wichtig ist die Frage: Bin das ich, und passt das zu mir? Sind das die Worte, die ich normalerweise verwende? Probieren Sie verschiedene Formulierungen so lange, bis es sich für Sie gut anfühlt und Sie beim Sprechen kein Gefühl von Verstellung haben. Wenn Ihre Zuschauer sagen „Ja, jetzt ist es gut und macht mich neugierig", können Sie im nächsten Schritt auf Visitenkartenparties, Messen oder Konferenzen gehen. Wie ist die Reaktion? Wer hört Ihnen zu, wer wirkt eher desinteressiert?

Kunden aktivieren

Erfahrungen im Direct-Marketing zeigen, dass Menschen aufgefordert werden wollen, etwas zu tun. Bei einer Briefsendung mit Prospekt und Antwortkarte wurde auf die Antwortkarte ein kleiner zusätzlicher Text gedruckt: „Bitte füllen Sie diese Bestellung aus, unterschreiben Sie sie und senden Sie an: ..." Die Karte mit dem Text hatte im Vergleich zur Referenzkarte ohne Text den doppelten Rücklauf. Für viele Besucher von Netzwerk-Veranstaltungen ist nach dem Austausch der Visitenkarten Schluss. Gehen Sie einen Schritt weiter! Mit welchen Formulierungen fordern Sie Zuhörer zum Handeln auf?

Elevator Pitch

Kunden aktivieren

- „Welche Anknüpfungspunkte für eine Zusammenarbeit sehen Sie?"
- „Was, meinen Sie, können wir zusammmen geschäftlich tun?"
- „Darf ich Sie in meinen Verteiler aufnehmen?"
- „Wann wollen wir noch einmal über Thema X reden?"
- „Ich möchte Sie zu unserer Veranstaltung einladen."
- „Besuchen Sie mich doch mal."

Tipp: Überlegen Sie sich schon in der Vorbereitung, mit welcher konkreten Vereinbarung (Aktivierung) Sie das Gespräch beenden möchten!

PowerTool einsetzen

Wissen Sie, was ein PowerTool ist? Früher gab es nur Visitenkarten: quadratisch, praktisch, gut. Aber etwas langweilig. Ein PowerTool ist mehr: Die Karte, etwa in Form einer Visitenkarte oder etwas größer, zeigt Ihre wichtigen Kontaktdaten. Die andere Seite enthält einen Mehrwert für Ihren Gesprächpartner – etwas, von dem er profitieren kann, das ihm Spaß macht. Wie kann das konkret aussehen?

Elevator Pitch

PowerTool einsetzen

Ein für den Kunden interessantes PowerTool hat beispielsweise folgenden Inhalte:

- Checkliste für gute Pressearbeit.
- Umrechnungstabelle (z. B. Währungen), mathematische Formeln, Vokabeln.
- Gesprächsleitfaden.
- Ein lustiges Denkspiel.

Auch Erfolgsfaktoren zu Ihrem Expertenthema, die Zusammenfassung Ihres Vortrags oder ein anschauliches Mind Map kann für Kunden der Grund für diese Frage sein: „Darf ich das behalten?" Und das Beste: Sie haben keine Vistenkarte „platziert", sondern Ihr Partner hält etwas Wertvolles in den Händen, was bestimmt nicht in Vergessenheit gerät.

Nutzen und Wunscherfüllung

Nur ein kleiner Teil von Kaufentscheidungen wird unter verstandesmäßigen Gesichtspunkten getroffen (Zahlen, Daten, Fakten). Der weitaus größere Teil der Entscheidungen fällt gefühlsmäßig – oft schneller, als der Verstand zu arbeiten beginnt. Daher gilt: Besonders bei der Formulierung von Nutzen müssen Sie zwischen tatsächlichem Bedarf und emotionalem Vorteil (Wunscherfüllung) unterscheiden. Wie erfüllen Sie Kundenwünsche?

Elevator Pitch

Nutzen und Wunscherfüllung

- Ein Kunde wünscht sich einen SUV, um Werkzeug zu transportieren. Er möchte aber auch einen Geruch von Abenteuer im Alltag schmecken, besonders männlich wirken und Prestige haben.
- Türschlösser verschließen nicht nur Türen, sondern bieten auch Geborgenheit.
- Kosmetik pflegt, doch steht gleichzeitig für den Wunsch nach Schönheit und danach, von anderen begehrt zu werden.
- Eine Unternehmensberatung will Prozesse optimieren, Kosten senken. Dahinter steht der Wunsch nach dem guten Gefühl, Geld und Zeit gespart zu haben.
- Zeitungen sollen informieren. Sie verschaffen ihren Lesern aber auch Prestige, Intellektualität und Unterhaltung.

Image

Warum geben Autokäufer für bestimmte Wagen deutlich mehr aus, obwohl es billigere Konkurrenzfahrzeuge mit den gleichen technischen Eigenschaften gibt? Ganz einfach: Die Marke macht's! Menschen wollen ihr Ego aufwerten, sie streben nach Image, Karriere, Selbstbestätigung. Im Vergleich zu anderen wollen sie besser dastehen. Und: Man kauft gerne von den Siegern und Besten – in der Hoffnung, dass von deren Ruhm etwas auf einen selbst abfällt. Wie nutzen Sie diesen Mechanismus?

Elevator Pitch

Image

- Kunden werden gern von den Besten ihrer Branche beraten. Dass Sie mit Ihrem Angebot dazugehören, vermitteln Sie, indem Sie Erfolgsgeschichten mit bekannten Kunden erzählen (Referenz).
- Image hat heute viel mit Design und Ästhetik zu tun. Wer seinen Auftritt hier sorgfältig plant, punktet beim Kunden.
- Vermitteln Sie, dass Kunden von Ihrem Bekanntheitsgrad profitieren können. Was bieten Sie Ihren Kunden zum Thema Stolz und Anerkennung?
- Verzichten Sie auf offensive Billigangebote oder Sonderpreise. Vermitteln Sie lieber, dass Preise bei Ihnen einen begründeten Gegenwert bieten.

Ergebnis und Resultat

Wie helfen Sie Kunden, Geld und Zeit zu sparen und Gewinne zu erhöhen? Vielleicht sagen Sie jetzt: „Ist doch klar, hier geht es um Zahlen, die belegt werden können!" Richtig! Aber trauen Sie Fakten nicht auch erst, wenn sie von dem guten Gefühl begleitet werden, das beste Resultat erzielt zu haben? Kunden wünschen sich das Gefühl der Sicherheit, dass sie zum besten Preis eingekauft haben. Wie vermitteln Sie es?

Elevator Pitch

Ergebnis und Resultat

Beispiele:

- „Durch mein Coaching hat ein Kunde von mir in vier Präsentationen dreimal den Auftrag bekommen".
- „Durch den Einsatz der Software konnte die Kanzlei in einem Monat bereits ein Drittel der Investition sparen".
- „Ich habe erst gestern wieder gehört, dass unser Angebot für die Konkurrenz ziemlich frustrierend ist. Tja, wir sind einfach die besten".
- „Wir sind wirklich Experten für Bildbearbeitung. Ihre Produktbilder erzielen in den Werbemedien eine messbar höhere Aufmerksamkeit, weil wir die Wirkung vorher wissenschaftlich testen. Das lässt sich richtig messen, wie der Appetit steigt."

Spaß und Freude

Warum kaufen Sie lieber bei Menschen, die Sie sympathisch finden und mit denen das Gespräch Freude bereitet? Weil sie Vergnügen, Spaß, Unkompliziertheit und Genuss empfinden möchten. Dafür sind sie sogar bereit, mehr Geld auszugeben. Viele Menschen streben im Umgang miteinander nach Spaß und Freude. Wie vermitteln Sie, dass Ihr Job Ihnen Spaß macht und Sie das Gespräch mit Ihren Kunden genießen?

- Begrüßen Sie Kunden offen und mit Augenkontakt. Lächeln Sie!
- Erzählen Sie Geschichten und Anekdoten, bevor es zum Verkaufsgespräch geht.

Elevator Pitch

Spaß und Freude

- Vermeiden Sie es, gehetzt, gestresst oder genervt zu wirken. Wenn Sie merken, dass Ihre Laune im Keller ist, sprechen Sie es offen an: „Tut mir Leid, wenn ich ein bisschen angespannt wirke, aber wir hatten hier gerade schrecklichen Ärger mit den Handwerkern ..."
- Nehmen Sie sich selbst nicht zu ernst: „Eigentlich bin ich ja ein miserabler Verkäufer: Ich gebe immer gleich zu, wenn unsere Produkte Macken haben."
- Hat Ihr Kunde ein Hobby, einen Spleen? Sprechen Sie ihn darauf an: „Und? Was macht das Handicap auf dem Golfplatz?" „Wie war der letzte Trip in den Himalaja?"
- Bieten Sie ein Getränk an – und merken Sie sich, welches Ihr Kunde bevorzugt.

Sicherheit

Kunden stehen heute vor vielen, oft unüberschaubaren Angeboten. Wenn Sie dann eine Kaufentscheidung treffen, wünschen Sie sich das Gefühl, das Richtige getan, geschickt ausgewählt zu haben. Besonders ist dieses Gefühl gefragt, wenn es um die erste Zusammenarbeit geht. Jeder Kunde will sicher sein, dass Sie der kompetente Partner für ihn sind, dass er bei Ihnen gut aufgehoben ist. Wie vermitteln Sie es ihm?

Elevator Pitch

Sicherheit

Folgende Aussagen vermitteln das Gefühl von Sicherkeit:

- „Dieses Jahr habe ich drei Unternehmen vor der Insolvenz gerettet."
- „Mit diesem Verfahren konnten unsere Kunden die Fehlerquote im Durchschnitt um 12 % senken."
- „Ich garantiere dafür persönlich und werde alles tun, dass Sie ein maßgeschneidertes Produkt bekommen."

Sicherheit vermitteln Sie außerdem durch: Mitgliedschaft in Kammern, Verbänden oder Berufsvereinigungen, Garantieleistungen, Kulanz bei Mängeln, Verlässlichkeit bei Terminen, gute Ansprechbarkeit (kein anonymes Call-Center!), persönliches Auftreten.

Vertrauen aufbauen

Oft versprechen Sie Kunden Ergebnisse, die noch nicht eingetreten sind. Der Kunde soll Vertrauen aufbauen, auf Sie setzen. Welche „Beweise" können Sie anbieten, um ihn von Ihrer Leistung zu überzeugen?

Elevator Pitch

Vertrauen aufbauen

Diese Beweise für Ihre Leistung können Sie im Elevator Pitch andeuten:

- Referenzen von anderen Kunden
- Erfolgsgeschichten
- Daten und Fakten (z. B. Statistiken)
- Studien, Gutachten
- Presseberichte
- Preise, Auszeichnungen, Mitgliedschaften
- Patente und Marken
- Wirtschaftlichkeitsrechnung
- Gemeinsame Entwicklung eines Projekts oder einer Software

Mit Zweifeln umgehen

Ein Unternehmer hat eine tolle Produktidee. Er hat Emotionen, die er ansprechen kann. Er kann sogar mit wenigen Worten ein Bild von dem zeichnen, was sein Angebot für den Kunden bedeutet. Dann geht er auf eine Netzwerkveranstaltung, und plötzlich hört er eine warnende Stimme: „Du kannst den anderen nicht mit deinem Unternehmen überfallen." „Was, wenn er das gar nicht braucht?" „Pass auf, wenn er verärgert reagiert!" „Du musst dich nicht anpreisen!" Was ist passiert?

Mit Zweifeln umgehen

Hinter plötzlichen inneren Zweifeln verbirgt sich die Angst zu versagen. Wenn Sie unerfahren in der Akquise sind, ist Befangenheit normal. Machen Sie sich klar:

- Versagensängste und Lampenfieber kennt jeder Verkäufer.
- Sie und Ihre Mitarbeiter haben viel Zeit und Arbeit in Ihre Produkte gesteckt – verdient die Welt es nicht, sie zumindest kennenzulernen?
- Die anderen kochen auch nur mit Wasser.
- Sehen Sie es sportlich: Verlieren können Sie immer – aber auch gewinnen. Einzige Bedingung: Sie müssen es versuchen!
- Jede Ablehnung bedeutet einen Gewinn an Erfahrung.

Visitenkarte

Oft bekommt man eine Visitenkarte mit folgenden Worten überreicht: „Die E-Mail-Adresse muss ich noch schnell ändern." Oder: „Die neuen sind gerade im Druck." Manchmal gibt es sogar gar keine Karte. Erstaunlich: Menschen gehen auf Network-Veranstaltungen ohne ihr wichtigstes Kontaktmedium. Merke: Die Visitenkarte ist Pflicht – nach wie vor. Was ist dabei wichtig?

Elevator Pitch

Visitenkarte

- Gestalten Sie Ihre Visitenkarte ansprechend – mit Hilfe eines Profigrafikers.
- Farben, Schrift und evtl. Foto müssen zu Ihrer Persönlichkeit und beruflichen Position passen.
- Alternative zur klassischen Visitenkarte: PowerTool-Karte z. B. mit einer Checkliste auf der Rückseite. Form: z. B. Postkarte mit schönem Foto und Ihrem TwitterPitch, also Ihrer Kernbotschaft in 140 Zeichen.
- Weitere Alternative: haptische Verkaufshilfe, z. B. eine Blume, ein Tier oder ein Gegenstand als Symbol für Ihr Angebot.
- Nehmen Sie immer und überall Visitenkarten oder andere Kontaktkatalysatoren mit, um zu signalisieren: Ich bin ein kompetenter Partner.

Innere Bilder

Wie merken Sie sich die Inhalte Ihres Elevator Pitches? Verwenden Sie einfach die Technik der inneren Bilder! Wie funktoniert das?

Innere Bilder

- Stellen Sie sich plastisch und in leuchtenden Farben die Story von Ihrem Angebot und Ihrem Kunden vor. Drehen Sie vor Ihrem inneren Auge einen Film. Sehen, hören und spüren Sie, was passiert.
- In der realen Gesprächssituation nutzen Sie dann Ihre inneren Bilder als Gedächtnishilfe. Weiterer Vorteil: Sie wirken glaubhaft und authentisch, wenn Sie Ihren inneren Film farbig erzählen.
- Sagen Sie nicht auswendig einen Text auf, sondern begeistern Sie den Kunden durch Anschaulichkeit, sprachliche Kraft und Phantasie.

Resonanzen

Gelingt es Ihnen, in den ersten Sekunden eines Gesprächs in gemeinsame Schwingung mit Ihrem Gegenüber zu kommen? Was ist der Trick dabei?

Elevator Pitch

Resonanzen

Achten Sie besonders auf körpersprachliche Signale: Lachen, Handbewegungen oder Gähnen sind Botschaften. Machen Sie sich für den Einstieg Gedanken über Ihre Wirkung auf andere. Das fängt bei der Kleidung an, geht über das Beobachten der eigenen Körpersprache und hört bei emotionaler und bildhafter Sprache nicht auf.

- Versuchen Sie, Signale, Zeichen und Körpersprache Ihres Gegenübers zu spiegeln.
- Nehmen Sie Gedanken auf, bestätigen Sie Gefühle: „Ja, das sehe ich auch so", „Sie sprechen mir aus der Seele."
- Beobachten Sie, wo Ihre Worte mimisch Interesse auslösen und wo sie abprallen.

Pre Pitch Routine

Sind Sie in der Startphase eines Elevator Pitchs nervös, ängstlich oder kurzatmig? Das ist menschlich, denn es gehört dazu, neue Verhaltensweisen einzuüben. Was können Sie gegen Ihre Unsicherheit tun?

Elevator Pitch

Pre Pitch Routine

- Atmen Sie dreimal tief in den Bauch ein und bewusst wieder aus.
- Versuchen Sie, einen festen Stand auf beiden Beinen zu spüren.
- Achten Sie auf eine offene Haltung Ihrer Hände.
- Bereiten Sie eine kleine Routine vor, wie Sie selbstbewusst in den Pitch starten. Der erste Halbsatz darf auswendig vorbereitet sein. Sie werden merken: Ist der Anfang erst einmal gemacht, geht es viel leichter weiter.

Übrigens: Druck entsteht im eigenen Kopf, weil man besonders gut sein will. Lassen Sie den Erwartungsdruck ein Stück weit los – und geben Sie sich selbst Zeit.

Aufs Wesentliche reduzieren

Manchmal fällt einem einfach kein passendes Wort ein – vor allem, wenn man unter Stress steht. Daher sollten Sie eine Reihe von Schlüsselwörtern, die Ihr Produkt oder Ihre Dienstleistung besonders gut beschreiben, schon vorher notieren. Ein Handwerker kann beispielsweise folgende Schlüsselwörter für sich finden: sauber, ökologisch, preisstabil, freundlich, flexibel. Die Formulierung, die er daraus entwickelt: „Freundlich stelle ich mich flexibel auf jede Situation ein, ohne dass es gleich teurer werden muss. Und: Ich verlasse Ihre Wohnung garantiert sauber und besenrein!" Wie gehen Sie vor?

Elevator Pitch

Aufs Wesentliche reduzieren

- Erstellen Sie zunächst eine neutrale Liste aller Eigenschaften und Merkmale Ihres Produkts. Ein Handwerker könnte seine Arbeitsweise so beschreiben: kompetent, schnell, zuverlässig, kommunikativ, sauber, preisstabil, serviceorientiert, gründlich, regional, ökologisch, flexibel, innovativ, freundlich.
- Reduzieren Sie die Liste nun auf neun Begriffe.
- Im nächsten Schritt entscheiden Sie sich für die fünf wichtigsten Eigenschaften.
- Jetzt können Sie anhand von fünf Eigenschaften Ihr Angebot auf seinen Kern reduzieren!

Einstieg ins Gespräch

Nicht jeder Elevator Pitch spielt sich wirklich im Paternoster ab. Auf ruhigerem Terrain (Messestand, Bar, Warteschlange) haben Sie mehr Zeit und sollten ein Gespräch mit etwas Smalltalk beginnen. Wie finden Sie einen Einstieg in ein Gespräch?

Elevator Pitch

Einstieg ins Gespräch

Fragen Sie offen und freundlich:

- „Was führt Sie heute denn hierher?"
- „Welcher Vortrag hat sie besonders interessiert?"
- „Was hat Ihnen hier besonders gefallen?"
- „Können Sie mir empfehlen, wo man hier essen kann?"
- „Heiß heute, nicht wahr?"

Hören Sie aktiv zu – und stellen Sie dann eine Frage nach dem Business des anderen. Meistens bekommen sie dann die Gegenfrage: „Und was machen Sie so?" Jetzt ist Ihre Chance gekommen: Freuen Sie sich darauf, Ihren Elevator Pitch präsentieren zu können!

Eine Gedankenreise

Es ist kurz vor Sonnenuntergang, und wir betrachten von einer Anhöhe herab eine mittelalterliche Stadt. Während die Bauwerke sich langsam in ein einheitliches Grau hüllen, strahlen ein paar hohe Türme noch im Gold der Sonne. Sie ragen aus ihrer Umgebung empor, behaupten sich gegen die monotonen Dächer der Umgebung.
Wenn wir Produkte auf dem Markt verkaufen wollen, haben wir die gleiche Aufgabe wie diese Türme: Wir müssen sichtbar aus der Masse herausragen. Aber wie?

Elevator Pitch

Eine Gedankenreise

- Haben Sie Mut zur Einzigartigkeit! Langweilige Produkte und noch langweiligere Verkäufer gibt es schon genug.
- Qualität setzt sich langfristig durch.
- Überraschen Sie Kunden durch Leistungen, die diese nicht erwarten.
- Stehen Sie zu dem, was Sie früher angeboten haben. Sorgen Sie für Kontinuität. Denn Sie waren früher schon besser als Ihre Mitbewerber!
- Werden Sie Meister im Service. Ahnen Sie Wünsche Ihrer Kunden, bevor diese selbst sie verspüren.
- Behaupten Sie nichts, was Sie später nicht einlösen können.
- Stellen Sie sich die Frage: Würde ich selbst bei mir kaufen? Und warum?

Erster sein

Lob, Anerkennung und nachhaltiger Erfolg gehören immer den Ersten, nicht denen, die ihnen nachfolgen. Oder wissen Sie noch, wer den Atlantik im Flugzeug als Zweiter überquert hat? Auch im Geschäft gilt die Erfolgsregel: Nur das Erste wird vom Kunden wahrgenommen. Oft erreichen Firmen ihre Position als Marktführer, indem sie bei einem Produkt Pionierarbeit leisten, innovativ sind.

Auch in einem kleinen, abgegrenzten Bereich können Sie der Erste sein oder eine wirkliche Innovation anbieten – denn die Welt ist nicht so gut, dass man sie nicht noch verbessern könnte! Was können Sie davon lernen?

Elevator Pitch

Erster sein

Hier ein paar Beispiele:

- Der erste Notar mit Helikopterservice
- Die erste Software, die beim Installieren keine Fragen stellt und nicht mit Registrierungen nervt.
- Das erste Hotel fürs kurze Mittagsschläfchen in der Stadt.
- Der erste Rasierer ohne Klingen.
- Der erste Hundesitter, der Ihren Hund wirklich versteht und für ihn lecker kocht.

Jeder Anbieter, der innovative Produkte erfolgreich am Markt verkauft, sichert sich seine Geschäftsgrundlage. Das bedeutet: Sie legen die Basis dafür, dass Ihr Angebot auch in Zukunft die Nase vorn haben wird.

Dringend

Manchmal treffen Sie auf einen potentiellen Kunden, der an Ihrem Angebot nicht nur sehr interessiert ist, sondern für den es gar nicht schnell genug gehen kann. Was ist der Hintergrund? In der Regel hat Ihr Kunde ein dringendes Problem, zu dem er händeringend nach Lösungen sucht. Wie kann das konkret aussehen?

Dringend

Ein paar Beispiele, warum Ihr Angebot gerade extrem erwünscht sein kann:

- noch Budget vorhanden
- neue gesetzliche Rahmenbedingungen
- Mitarbeiterengpass
- eigene Kapazitäten zu gering
- Projekt im Ausland, Sprachkenntnisse
- Defekt in der Produktion
- neue Zertifizierung
- Termin muss eingehalten werden
- Qualität ist zu gering
- Prozesse müssen beschleunigt werden

Wichtig: Treten Sie jetzt nicht auf die Bremse. Liefern Sie Ihre Leistung oder Ihr Produkt schnell und unbürokratisch.

Spezialisiert

Wenn Sie und Ihr Unternehmen sich in einem Umfeld mit vielen Wettbewerbern tummeln, kann es strategisch sinnvoll sein, sich auf einen Bereich zu spezialisieren. Nutzen Sie Ihre Kernkompetenzen für einen deutlicheren Auftritt am Markt! Wenn Sie die Spezialisierung im Verkauf glaubwürdig kommunizieren, gibt Ihnen der Kunde einen Vertrauensvorschuss (Anbieterkompetenz). Mit welchen Artikeln, Produkten und Vorträgen werden Sie mit Ihrer Spezialisierung bekannt? Entwerfen Sie einen Zeitplan für die Umsetzung Ihres Ziels, als Spezialist bekannt zu werden.

Elevator Pitch

Spezialisiert

- Leitfrage: Wie ausgeprägt ist meine Position als Spezialist bereits? Erkennt man mir Expertenstatus zu – oder werde ich als „einer unter vielen" wahrgenommen?
- Wichtig: Sie und Ihr Expertenstatus müssen nicht in der ganzen Welt bekannt sein. Es reicht, wenn man Sie in Ihrer Branche kennt.
- Profilieren Sie sich mit einem Angebot, hinter dem Sie wirklich stehen und das Ihre ausgeprägtesten Fähigkeiten und Talente spiegelt.
- Wissen Sie selbst noch nicht, wo Ihre Kernkompetenz liegt? Fragen Sie Kollegen, Freunde oder Verwandte: In was bin ich eigentlich besonders gut? Was kann ich besser als alle anderen?

Nützlichkeit

Nützlichkeit messen Ihre Kunden an unterschiedlichen Kriterien: Für den einen kann Service (Erreichbarkeit, kurze Reaktionszeit), für den anderen absolut individuelle Lösungsorientierung wichtig sein. Wie nützlich und hilfreich sind Sie für Ihre Kunden?

Nützlichkeit

- Sind Sie nützlich – wirklich? Fragen Sie doch einmal Ihre zehn besten Kunden, wie Sie ihnen das Leben, sprich ihr Business, erleichtern können. Sie werden viele überraschende Ergebnisse erhalten!
- Fragen Sie außerdem: Was wünschen Sie sich (noch) von mir? Wo könnte ich besser werden? Oder: Welches besondere Angebot habe ich noch nicht? Derartige Umfragen sind am erfolgreichsten, wenn Sie mit kleinen Anreizen (z. B. Gewinnspiel) koppeln.
- Der goldene Weg, um Nützlichkeit zu erwerben: Versetzen Sie sich in den Kunden. Was braucht er, was erwartet er von mir, wo kann ich ihm helfen?

Wow-Effekt

Wollen Sie schnell und effektiv Aufmerksamkeit erzeugen? Dann nutzen Sie den Wow-Effekt! Überraschen Sie Ihren Gesprächspartner mit einer provozierenden Behauptung, einem ungewöhnlichen Gadget oder einer unerwarteten Vorführung. Wie kann das konkret aussehen?

Elevator Pitch

Wow-Effekt

Hier einige Beispiele, wie Sie Kunden interessieren und überraschen:

- „Ich bin Experte für Pferdehaftpflicht-Versicherung."
- „Ich entwickle und verkaufe Insektenhotels."
- „Ich bin spezialisiert auf Zeitmanagement für Chaoten."
- „Ich stehe dafür, wie Sie in 30 Sekunden neue Kunden gewinnen."
- „Darf ich Ihnen schnell helfen, tausend Euro zu sparen?"
- „Wollen Sie mal etwas sehen, was noch nie zuvor ein Mensch gesehen hat?"
- „Darf ich Ihnen das schenken?"
- „Wären Sie bereit zu einem kleinen Experiment?"

Vereinbarungen

Bereiten Sie sich darauf vor, Ihrem Gesprächspartner zu Ende des Elevator Pitches eine konkrete Vereinbarung vorschlagen zu können. Das wird nur in seltenen Fällen eine konkrete Bestellung oder eine Unterschrift sein – wichtig ist nur, dass der nächste Schritt geplant wird und der Kunde nicht auf Nimmerwiedersehen verschwindet. Was ist möglich?

Elevator Pitch

Vereinbarungen

- Telefonat zu bestimmten Termin
- Persönliches Gespräch
- Schriftliche Informationen
- Schriftliches Angebot
- Betriebsbesichtigung
- Musterteile zur Verfügung stellen
- Vereinbarung einer Testphase
- Gemeinsames Pilotprojekt
- Einbindung weiterer Personen
- Präsentation vor Entscheidern
- Verhandlung einer Gegenleistungs-strategie
- Recherchieren weiterer Informationen

Seitenwechsel

Viel zu oft werden Nutzen und Vorteile eines Produkts nur durch die subjektive Brille betrachtet: Menschen finden Ihr Angebot, ihre Leistung oder Ihr Produkt selbstverständlich attraktiv. Aus dieser Sicht werden dann auch seine Vorzüge geschildert. Ändern Sie die Sichtweise – treten Sie in die Schuhe des Kunden! Denken und reden Sie aus seiner Sicht. Dieser Wechsel der Perspektive verhilft Ihnen zu neuen Erkenntnissen und Antworten. Denken Sie einfach daran, wie Sie selbst als Konsument Angebote und Leistungen wahrnehmen.

Elevator Pitch

Seitenwechsel

Kommen Ihnen diese Beispiele bekannt vor?

- Diese Werbung nervt.
- Verkäufer sind anstrengend – man geht ihnen besser aus dem Weg.
- Kataloge sind unübersichtlich und zu dick.
- In dem Kleingedruckten hier lauert sowieso der Haken.
- Ich mag es gar nicht, so zugequatscht zu werden. Ich sehe mich lieber in Ruhe um.
- Der Laden sieht zu gammlig aus, da gehe ich erst gar nicht hin.
- Zumindest kann man da wenigstens parken.
- Die Toiletten in dem Restaurant sind zu dreckig.

Nutzen formulieren

Machen Sie den Nutzen eines Produkts für Ihren Kunden plastisch. Erzählen Sie, welche Vorteile es ihm und seinem Unternehmen bringt. Stellen Sie sich in der Vorbereitung die Frage: Wie kann sich der Kunde mit meinem Angebot einen Wunsch erfüllen? Welches Ergebnis erzielt er auf diese Weise?

Elevator Pitch

Nutzen formulieren

Den Nutzen eines Produktes beschreiben Sie zum Beispiel so:

- „Durch die Veränderung des Prozesses sparen Sie 20 Prozent Produktionskosten".
- „Durch unsere Internetplattform genießen Sie die Vorteile des Premiumstatus".
- „Der Wechsel zu regionalen Produkten bedeutet für Sie höhere Glaubwürdigkeit".
- „Unser Pauschalpaket garantiert Ihnen Budgetsicherheit. Da kommt garantiert nichts Unerwartetes auf Sie zu".
- „Dieses CRM-System vermindert Ihre Schnittstellenfehler um 90 Prozent".
- „Durch das Outsourcing Ihrer Buchhaltung gewinnen Sie mehr Zeit für Ihre wirklichen Aufgaben".

Kopfstandtechnik

In einem Elevator Pitch können Sie vieles richtig schlecht machen. Was schreckt Kunden ab, statt sie anzuziehen?

Elevator Pitch

Kopfstandtechnik

Machen Sie eine Liste von den Dingen, die Kunden nicht mögen oder irritieren: Wegschauen, mit den Händen fuchteln, stottern, viele Äh's, negative Beispiele, über die Konkurrenz reden usw. Fügen Sie der Liste nun eine zweite Spalte hinzu. In diese schreiben Sie genau das Gegenteil der gerade gesammelten Punkte. Jetzt haben Sie eine Checkliste für Ihren persönlichen und erfolgreichen Elevator Pitch! Beispiele:

- Regelmäßiger Blickkontakt
- Klare Handbewegungen, fester Stand
- Flüssiges Sprechen über die Vorteile des Produktes
- Verständliche Sprache
- Freundlichkeit, Lächeln, Begrüßung

Alle 5 Sinne

Segeln Sie gern? Stellen Sie sich vor, sie wollen an einer der schwersten Regatten der Welt teilnehmen, dem America's Cup. Was brauchen Sie dafür? Eine Vision. Ressourcen und Finanzen. Festlegung des Kurses. Und wenn der Startschuss gefallen ist, müssen Sie geschickt navigieren. Merken Sie es? Das ist ein Konzept für maßgeschneiderte Unternehmenssteuerung: Das Regatta-Konzept. Wie bauen Sie ähnliche sinnliche Erlebnisse in Ihren Elevator Pitch ein? Sprechen Sie Ihren Kunden mit allen Sinnen an! Lassen Sie ihn Ihr Produkt sehen, hören, fühlen, schmecken und riechen.

Elevator Pitch

Alle 5 Sinne

Je mehr Sinne Sie erreichen, umso eher lassen Menschen sich emotional mit auf Reise nehmen.

› Präsentieren Sie Proben, Modelle, Simulationen. Aber Achtung: Eine Multivisionsschau erzeugt in unserer medial überfluteten Welt schnell Langeweile.
› Eine spritzig und humorvoll gestaltete Werksführung ist immer noch ein Klassiker. Auflockerungsmöglichkeiten: Ratespiel, Gadgets, Probefahrten, Leckerli.
› Lassen Sie Ihre Kunden selbst steuern, sägen, rühren, abschmecken.
› Ihr neues Sportcoupé hat besonders weiche Ledersitze? Ihr Kunde nimmt eine kleine Probe davon mit nach Hause!

Stimme

Mehr als ein Drittel Ihrer persönlichen Überzeugungskraft hängt von Ihrer Stimme ab – auch und gerade beim Elevator Pitch. Wie kommen Sie stimmlich gut an?

Elevator Pitch

Stimme

- Achten Sie beim Vortrag Ihres Elevator Pitchs auf Ihre Stimme. Haben Sie tief in den Bauch geatmet? Nutzen Sie alle Resonanzen!
- Unterstützen Sie durch Atemtechnik und Ausnutzung Ihrer Resonanzen die Wirkung Ihres Elevator Pitchs. Es geht dabei nicht um Lautstärke, sondern darum, ob Ihre Stimme räumlich ankommt.
- Hilfreich ist folgende Vorstellung: Ihre Stimme baut eine Brücke zum Gesprächspartner.
- Sind Sie stimmlich sehr schwach? Dann lassen Sie sich von einem Logopäden coachen. Stimmliche Schwäche ist fast nie körperlich bedingt, sondern hat mit inneren Hemmungen zu tun.

Kunden fischen

Ein Elevator Pitch kann nur dann erfolgreich sein, wenn er den Richtigen erreicht. Aber wie finden Sie ihn? Und: Wie kommen Sie an Ansprechpartner heran?

Elevator Pitch

Kunden fischen

- Recherchieren Sie: Welche Veranstaltungen besuchen meine Kunden? Auf welchen Messen oder Tagungen sind sie vertreten?
- Welche Interessen hat ein bestimmter Ansprechpartner, wo finde ich ihn möglicherweise privat? Orte wie Bar, Hotel, Restaurant, Golfplatz oder Club dagegen sind gute Möglichkeiten, jemanden scheinbar ungezwungen kennenzulernen.
- Vergessen Sie auch nicht den klassischen Ort für den Elevator Pitch, den Fahrstuhl.
- Alternativen zum Paternoster: Büroflur, Kantine, Parkplatz, Treppenhaus.
- Mutige dringen sogar vor in Wartezimmer, Umkleidekabinen, Duschen, Toiletten.

Lassen Sie sich empfehlen!

Eine vielversprechende Chance, neue Kunden oder Ansprechpartner kennenzulernen, ist die Empfehlung durch andere. Denn: Oft ist es viel leichter, neue Kontakte aufzubauen, wenn Sie sich bereits auf jemanden berufen können. Wie funktioniert das in der Praxis?

Elevator Pitch

Lassen Sie sich empfehlen!

Wer ist Ihnen gewogen, zu wem besteht schon eine gute Partnerschaft? Fragen Sie ihn ganz konkret:

- „Wen kennen Sie, der mein Angebot brauchen könnte?"
- „Kennen Sie jemanden, der sich für unsere Produkte ebenfalls interessieren könnte?"
- „Wer ist bei ... der richtige Ansprechpartner?"
- „Was kann ich tun, damit Sie mir dort einmal die Tür öffnen?"

Wichtig: Lassen Sie im Gegenzug Ihre eigenen Kontakte spielen, um dem anderen zu helfen.

Kunden als Experte

Menschen mögen es, für ihren Sachverstand geschätzt zu werden – wer ist nicht gern ein gefragter Experte? Diese Form der harmlosen Eitelkeit können Sie sich zunutze machen – aber wie?

Elevator Pitch

Kunden als Experte

Erhöhen Sie den Status Ihres Kunden, indem Sie ihn zum Experten machen. Am leichtesten gelingt das durch gezielte Fragen, die implizieren, dass Sie ihn als Fachmann ansehen und seine Meinung Ihnen wichtig ist:

- „Sie als Fachmann kennen sich da bestimmt viel besser aus."
- „Ihre Erfahrung interessiert mich an diesem Punkt. Können Sie das noch genauer beschreiben?"
- „Welche Schwächen hat denn unser Angebot Ihrer Meinung nach? Was könnten wir da vielleicht nachbessern?"
- „Was vermissen Sie noch bei uns?"
- „Mich würde Ihre Erfahrung interessieren. Wie zufrieden waren Sie?"

Fester Standpunkt

Einige Menschen sind rhetorisch sehr stark, haben aber ihre Körpersprache zu wenig unter Kontrolle. Was ist bei einem Elevator Pitch besonders wichtig?

Elevator Pitch

Fester Standpunkt

- Beim Elevator Pitch müssen Sie im wahrsten Sinne des Wortes „zu Ihrer Aussage stehen". Achten Sie auf Ihren Stand, während Sie von den Vorteilen Ihres Angebots sprechen! Ein halber Schritt zurück beim Höhepunkt Ihrer emotionalen Verankerung würde Zweifel signalisieren.
- Auch, wer sich unmotiviert ständig auf seinen Kunden zubewegt, verhält sich ungeschickt: Auf diese Weise wirken Sie aufdringlich bzw. aggressiv und schüchtern Ihr Gegenüber ein.
- Bleiben Sie mit beiden Beinen fest auf dem Boden oder bewegen sich bewusst nur einige Zentimeter in Richtung Ihres Gesprächspartners zu. Halten Sie Blickkontakt.

Erster Eindruck

Ob ein Mensch auf uns attraktiv, vertrauenswürdig, kompetent oder freundlich wirkt, entscheiden wir beim ersten Blick. Das Gegenüber muss noch nicht einmal etwas gesagt haben. Der erste Eindruck zählt – innerhalb von wenigen zehntel Sekunden, wie wissenschaftliche Untersuchungen zeigen. Was bedeutet das für Sie in der Praxis?

Elevator Pitch

Erster Eindruck

- Achten Sie schon in dem Moment, bevor Sie mit einem Kunden sprechen, darauf, was Sie tun und wie Sie reagieren – er könnte Sie beobachten.
- Haltung und Kleidung (auch Ihre Schuhe!) sind extrem wichtig.
- Penible Körperpflege ist Pflicht – manchmal lassen Kleinigkeiten wie eine ungenaue Rasur oder ein angeschmutzter Kragen Sie ungepflegt erscheinen.
- Benutzen Sie dezentes Rasierwasser.
- Feilen Sie an Ihrem Einstiegssatz. Er soll freundlich wirken, Interesse wecken und nicht verkrampft wirken.
- Haben Sie Unterlagen dabei oder eine Aktentasche? Was sieht Ihr Kunde, wenn Sie die Tasche öffnen?

Bilder finden

Fällt es Ihnen schwer, für Ihre Produkte oder Ihr Angebot sprechende Bilder und Vergleiche zu finden? Dann nutzen Sie folgende Möglichkeit: Bringen Sie Ihre Idee, Ihr Produkt oder Ihr Angebot in einen bewusst absurden Zusammenhang und sammeln Sie Eigenschaften, die Ihnen einfallen. So entstehen von selbst Bilder oder Assoziationen, welche die Eigenschaften Ihres Angebots spiegeln.

Elevator Pitch

Bilder finden

Ein paar Beispiele:

- Wenn mein Produkt eine Blume wäre, welches Lied würde sie singen?
- Wenn meine Dienstleistung ein moderne Skulptur wäre, welchen Tanz würde sie tanzen?
- Wenn meine Idee eine Mahlzeit wäre, welches Instrument würde sie spielen?
- Wenn mein Talent ein Auto wäre, wie würde es schwimmen?

Lassen Sie Ihren Ideen freien Lauf – und kombinieren Sie Bilder am Ende neu.

Negatives vermeiden

Manche Menschen sind mehr damit beschäftigt, zu erzählen was sie nicht können, als das, was sie können. Sie bringen Konflikte, Probleme oder Zweifel zur Sprache, bevor der andere es tut. Vielleicht verbirgt sich dahinter Gewissenhaftigkeit – aber Ihr Gegenüber wird derartige Signale anders werten, nämlich als Unsicherheit und mangelnde Kompetenz. Wie vermeiden Sie Negatives?

Elevator Pitch

Negatives vermeiden

- Vermeiden Sie im Elevator Pitch das Wort „aber" in Bezug auf Ihr Angebot oder Ihre Leistung. Zuerst müssen Sie den Ansprechpartner neugierig machen, nicht gleich verschrecken!
- Auch die Bemerkung „Das kostet dann aber mehr" hat in einem Elevator Pitch nichts verloren. Leiten Sie einen Mehrpreis etwa mit solchen Worten ein: „Ihr Wunsch zeugt von Professionalität. Lassen Sie uns einmal genau darüber sprechen. Dann kann ich Ihnen sagen, was Sie dafür investieren müssen".
- Negativ wirken auch sprachliche Unsicherheiten oder Zweifel. Folgende Formulierungen sind tabu: im Zweifelsfall, irgendwann, später.

Unsere Lesetipps

- Im GABAL Verlag erschienen (Das Buch zum Thema): 30 Minuten für den überzeugenden Elevator-Pitch (Joachim Skambraks)
  ISBN 978-3-89749-449-7, 6,90 €

- Im Heragon Verlag erschienen:
  Aufträge akquirieren.
  Verkaufswissen in 50 x 2 Minuten.
  ISBN 978-3-941574-06-9, 6,80 €

- Im Heragon Verlag erschienen:
  Erfolgreich präsentieren.
  Businesswissen in 50 x 2 Minuten.
  ISBN 978-3-941574-00-7, 6,80 €

- Im Heragon Verlag erschienen:
  Kundenorientierung.
  Begeisterte Kunden in 50 x 2 Minuten.
  ISBN 978-3-941574-18-2, 6,80 €

ELEVATOR
PITCH
Joachim Skambraks
Immer ein Ass
im Ärmel
Emotionale
Kurz-
präsentationen
in 50 x 2
Minuten
Sofortwissen kompakt
by Heragon Verlag

1. Auflage 2011

Joachim Skambraks
Sofortwissen kompakt: Elevator-Pitch
Emotionale Kurzpräsentationen in 50 x 2 Minuten
ISBN 978-3-941574-66-3

Heragon Verlag GmbH
Postfach 1702
D-79017 Freiburg
Internet: www.heragon.de
E-Mail: info@heragon.de

Was ist ein Elevator Pitch?

Kennen Sie das? Sie plaudern mit jemandem, der Ihnen sympathisch ist – und durch seine Fragen wird Ihnen plötzlich klar, dass ein potentieller Kunde vor Ihnen steht. Sie müssen ihn interessieren, festhalten, gewinnen – jetzt, sonst ist er weg! Aber wie?

Elevator Pitch

Was ist ein Elevator Pitch?

Ganz einfach – mit einem Elevator Pitch! Ein Elevator Pitch (frei übersetzt: Fahrstuhlgespräch) ist eine bildhafte und emotionale Kurzpräsentation, mit der Sie jemanden auf ein Produkt, ein Angebot oder eine Idee neugierig machen. Er umfasst nicht mehr als dreißig Sekunden (die Dauer einer Fahrstuhlfahrt) und kann, richtig angewendet, für Sie zum Türöffner werden.

Entstehungsmythos

Woher stammt der Begriff Elevator Pitch? Ein Entstehungsmythos: In den achtziger Jahren wollten engagierte Vertriebsleute Ideen oder Probleme mit ihren Chefs besprechen. Doch eine Chance dazu hatten sie nur selten, denn die vielbeschäftigten Führungskräfte waren ständig unter Zeitdruck. Die einzige Möglichkeit war, ihnen in den Aufzug (Elevator) nachzuspringen und während der kurzen Fahrt ihr Anliegen bildreich zu präsentieren.

Entstehungsmythos

Auch in den neunziger Jahren war der Elevator Pitch sehr beliebt: Junge Unternehmensgründer aus der IT-Branche bekamen auf Telefonate, Briefe oder E-Mails an Entscheider von Venture Capital Gesellschaften einfach keine Antwort. Sie hatten schließlich keine andere Wahl, als in die Aufzüge der Bankenhochhäuser zu springen, um den Bossen ihre Businesspläne schmackhaft zu machen. Mancher von ihnen soll sogar stundenlang Fahrstuhl gefahren sein, bis endlich der richtige Ansprechpartner vor ihm stand.

Mögliche Ergebnisse

Welche Ergebnisse können Sie mit einem Elevator Pitch erreichen? Was können Sie als Antwort auf Ihre Kurzpräsentation hören?

Elevator Pitch

Mögliche Ergebnisse

Ein Ja: das höchste Ziel. Ein klares „Ja" wird im Verkauf oder bei der Neukundengewinnung eher selten zu hören sein. Doch es kann vorkommen – seien Sie also mental darauf vorbereitet!

Ein „Nein": Sicher nicht schön. Aber bedenken Sie: Ein klares Nein erspart Ihnen Zeit und Energie!

Ein „Vielleicht". Es bedeutet: Ich möchte mehr darüber erfahren. Ich bin interessiert. Folge: Sie bekommen z. B. einen Termin für ein Verkaufsgespräch. Die erste Eintrittshürde haben Sie überwunden!

Situationen

Die Einsatzmöglichkeiten für einen Elevator Pitch sind recht vielfältig: Unternehmer, Selbständige, aber auch Angestellte in Verkauf und Vertrieb können ihn gewinnbringend nutzen. In welchen Situationen lässt ein Elevator Pitch sich am besten einsetzen?

Elevator Pitch

Situationen

Einsatzmöglichkeiten für Ihren Elevator Pitch:

- Veranstaltungen und Konferenzen
- Empfänge und Networking
- Messen zur Erstansprache
- Bei Tagungen, um in der Pause ins Gespräch zu kommen
- Businessplan- und Pitch-Wettbewerbe
- Treffen von Kooperationspartnern
- Telefonakquise, hier entscheiden die ersten Sekunden
- Terminvereinbarung
- Gehaltsgespräch
- Initiativbewerbung am Telefon

Reduktion auf das Wesentliche

Ein Elevator Pitch muss klar, prägnant und verständlich sein. Er soll Interesse wecken, neugierig machen und positive Gedanken vermitteln. Das gelingt nur durch Reduktion aufs Wesentliche: Aus der Fülle von Informationen, die Sie über Ihr Unternehmen, Ihr Produkt oder Ihr Angebot haben, filtern Sie die relevanten Informationen heraus. Das erfordert gründliche Vorbereitung. Wie gelingt es Ihnen?

Bereiten Sie Ihren Elevator Pitch schriftlich vor. Fassen Sie zusammen:

Elevator Pitch

Reduktion auf das Wesentliche

- Was ist mein Angebot, und wodurch unterscheidet es sich von anderen?
- Welche Vorteile bietet es meinem Kunden? Welches seiner Probleme wird damit gelöst?
- Welche Schlüsselwörter kann ich nennen, um Interesse zu wecken? (Sicherheit, Zeiteinsparung, Gewinnmaximierung)
- Durch welche Requisiten (Kleidung, Gadgets, Tools) kann ich meinen Elevator Pitch inszenieren?
- Wie werde ich geschickt auf Desinteresse, Unhöflichkeit oder Aggressivität reagieren?
- Welche Infos (Visitenkarten, Flyer, Tools) habe ich, um gewecktes Interesse weiterzuführen?

Elevator Pitch – 7 Gründe

Die Vorstellung, Unbekannte fokussiert anzusprechen ist für viele Menschen unangenehm – sie fürchten Ablehnung und haben Angst, sich lächerlich zu machen. Es lohnt sich jedoch, derartige Zweifel zu überwinden, denn ein Elevator Pitch bietet Ihnen viele Vorteile. Welche?

- Wer sich über ein Produkt klar wird, steigert seine Überzeugungskraft.
- Sie können innerhalb von kurzer Zeit potenzielle Kunden selektieren – besonders auf Konferenzen, Messen oder Netzwerkveranstaltungen notwendig.

Elevator Pitch – 7 Gründe

- Sie verbessern Ihr Zeitmanagement und wissen schneller, ob Ihr Ansprechpartner an weiteren Gesprächen interessiert ist.
- Sie respektieren das Zeitbudget Ihres Gegenübers.
- Sie haben die Möglichkeit, Ihr Angebot und den damit verbundenen Nutzen auf für den Kunden relevante Aspekte zu reduzieren.
- Durch bildhafte Sprache und Kommunikation über Gefühle bleiben Sie im Gedächtnis. Man erinnert sich an Sie.
- Durch innere Überzeugung vertreten Sie Ihre Ideen authentisch und glaubwürdig.

Sind Sie eine Marke?

Eine Marke ist ein Vertrauensanker für Kunden. Sie transportiert, was Ihr Angebot ausmacht, und sie beruht auf einem Wiedererkennungswert. Starke Marken wecken positive Assoziationen und bieten dem Kunden Identifikationspotential: Ich fahre ..., weil ich ... Auch Sie als Person können „zur Marke" werden, können sich ins Gedächtnis Ihres Kunden brennen. Welche Methoden gibt es dazu?

› Besondere Kleidung (z. B. Farbe, Requisiten) hebt Sie von Ihren Mitbewerbern ab.
› Jeder Ihrer Auftritte wird von einem kleinen Extra begleitet.

Sind Sie eine Marke?

- Sie sind (oder werden) bekannt durch absolute Pünktlichkeit und Zuverlässigkeit.
- Sie sprechen den Kunden auf besondere Weise an.
- Sie zeigen echtes Interesse an seinen Wünschen, Sorgen und Problemen.
- Sie verabschieden sich herzlich und verbindlich.
- Ihre Körpersprache strahlt Souveränität, Zugewandtheit und Sicherheit aus.
- Sie bringen Ihrem Kunden unterhaltsame Geschichten oder kleine Anekdoten mit.
- Sie können zuhören aber auch schweigen.
- Sie sind fähig zu Selbstironie und können über sich lachen.
- Ihre Corporate Identity (Logos, Schriften, Farben, Slogans) ist klar und einheitlich.

Ziele: Wer?

Ein Elevator Pitch hat zwei wichtige Varianten:

- Er ist auf eine ganz bestimmte Zielperson (z. B. Entscheider) zugeschnitten, die von Ihnen überzeugt werden soll.
- Er ist auf eine bestimmte Zielgruppe zugeschnitten, die Sie überzeugen wollen, z. B. mittelständische, gut gebildete Singles einer Großstadt.

Wie sprechen Sie Zielpersonen oder Zielgruppen effizient an?

Ziele: Wer?

- Um eine Zielperson (Firmeninhaber, Entscheider) gezielt anzusprechen, müssen Sie zunächst möglichst viel über ihn wissen. Was sind seine Vorlieben und Abneigungen? Welche beruflichen oder privaten Ziele verfolgt er? Wo liegen seine besonderen Interessen? Wer hier recherchiert, verbessert seine Chancen erheblich.
- Auch über Ihre Zielgruppe sollten Sie so viel wissen wie möglich. Nutzen Werkzeuge der Marktforschung, aber lassen Sie auch Ihre Intuition einfließen: Wovon träumt diese Zielgruppe? Wodurch will sie sich abheben, profilieren? Was sind ihre typischen Probleme und Schwächen? Je mehr Informationen Sie sammeln, desto gezielter können Sie Ihren Pitch gestalten.

Ziele: Was?

Viele gehen mit einem sehr breitgefächerten Angebot auf Kundenfang. Aber ist das geschickt? Was ist interessanter: Jemand, der alles für alle hat, eine Art Bauchladen? Oder jemand, der sich mit einem ganz besonderen Angebot von allen anderen abhebt? Die Antwort ist eindeutig: Kunden erwarten und präferieren immer stärker spezialisierte Angebote. Sie wollen das Besondere, Exotische, Perfekte. Genau hier setzen Sie an!

Ziele: Was?

Haben Sie Mut, sich mit Ihrem Elevator Pitch von anderen zu unterscheiden, sich auf ein klares Angebot zu beschränken.

- Bieten Sie Qualität statt Masse.
- Bieten Sie lieber ein perfektes Produkt an statt drei, die es so ähnlich schon gibt.
- Zeigen Sie, für welches spezifische Problem Ihr Produkt die spezifische Lösung ist.
- Wählen Sie für Ihren Elevator Pitch aus Ihrer Produktpalette das interessanteste, ungewöhnlichste und speziellste Produkt aus.
- Fragt Ihr potentieller Kunde nach anderen Angeboten? Die haben Sie selbstverständlich auch – und schon kommt ein Gespräch zustande.

Ziele: Ergebnis

Für Ihr Selbstmanagement ist es wichtig, sich schon bei der Vorbereitung eines Elevator Pitches mit folgender Frage zu beschäftigen: Was ist das Ziel meines Elevator Pitches? Und mit welchen Ergebnissen kann ich in der Realität rechnen?

Elevator Pitch

Ziele: Ergebnis

Das oberste Ziel ist klar: Sie wollen Ihr Produkt verkaufen, einen Auftrag bekommen. Aber dieses Endziel werden Sie selten sofort erreichen. Auf dem Weg dorthin sind z. B. folgende Zwischenergebnisse möglich:

- Vereinbarung eines Zweitkontakts
- Vereinbarung eines Termins
- Bitte um ein Angebot
- Bitte um Unterlagen oder Prospekte
- Weiterempfehlung zu anderen Kontakten
- Einladung zu Veranstaltungen

Prüfen Sie nach dem Elevator Pitch die Ergebnisse genau: Fühlen Sie sich ernst genommen oder abgewimmelt? Ist die Bitte um Aufschub ernst gemeint oder nicht? Ihr Bauchgefühl hilft Ihnen hier weiter!

Interessenkatalysator

Sie besuchen eine Messe. Unerwartet werden Sie von drei potenziellen Kunden erkannt und angesprochen. Man interessiert sich für Sie, für Ihr Angebot. Sie bekommen Aufträge, Einladungen. Gefällt Ihnen diese Beschreibung? Dann hat der Interessenkatalysator gewirkt! Ein Interessenkatalysator hat die Aufgabe, zu Beginn eines Elevator Pitchs Interesse zu wecken. Das Bild oder die Emotion, die Sie in Ihrem potenziellen Kunden entstehen lassen, passt genau in seine Motivationswelt.

Elevator Pitch

Interessenkatalysator

Wie schaffen Sie einen Interessenkatalysator? Indem Sie Ihren potentiellen Kunden dort abholen, wo er bereits ist: bei seinen Wünschen, Zielen, Vorstellungen.

- Beschäftigen Sie sich genau mit Ihrer Zielperson oder Zielgruppe.
- Greifen Sie auf Bilder, Beispiele oder Emotionen zurück, mit denen Ihre Zielperson oder Zielgruppe sich identifizieren kann.

Tipp: Wenn Sie für eine bestimmte Branche einen Aufhänger finden wollen, statten Sie den Internetseiten Ihrer Zielkunden einen Besuch ab und lassen sich dort inspirieren.